Mi libro ilustrado bilingüe
Моя двуязычная книжка с картинками

Los cuentos infantiles más bonitos de Sefa en un volumen

Ulrich Renz • Barbara Brinkmann:

Que duermas bien, pequeño lobo · Приятных снов, маленький волчонок

Edad recomendada: a partir de 2 años

Cornelia Haas • Ulrich Renz:

Mi sueño más bonito · Мой самый прекрасный сон

Edad recomendada: a partir de 2 años

Ulrich Renz • Marc Robitzky:

Los cisnes salvajes · Дикие лебеди

Basado en un cuento de hadas de Hans Christian Andersen

Edad recomendada: a partir de 5 años

© 2024 by Sefa Verlag Kirsten Bödeker, Lübeck, Germany. www.sefa-verlag.de

Special thanks to Paul Bödeker, Freiburg, Germany

All rights reserved.

ISBN: 9783756305278

Leer · escuchar · entender

Traducción:

Anneli Landmesser (español)

Svetlana Hordiyenko (ruso)

Audiolibro y vídeo:

www.sefa-bilingual.com/bonus

Acceso gratuito con la contraseña:

español: **LWES1428**

ruso: **LWRU2730**

¡Buenas noches Tim! Seguiremos buscando mañana.
Ahora ¡que duermas bien!

Спокойной ночи, Тим! Мы поищем завтра.
А сейчас приятных снов!

Afuera ya ha oscurecido.

На улице уже темно.

¿Qué está haciendo Tim ahí?

Что Тим там делает?

Se está yendo al parque infantil.
¿Qué está buscando ahí?

Он идёт на улицу к игровой площадке.
Что он там ищет?

¡El pequeño lobo!

No puede dormir sin él.

Маленького волчонка!

Без него он не может уснуть.

¿Quién viene ahí?

Кто там идёт?

¡Marie! Está buscando su pelota.

Мария! Она ищет свой мяч.

¿Y qué está buscando Tobi?

А что ищет Тоби?

Su excavadora.

Свой экскаватор.

¿Y qué está buscando Nala?

А что ищет Нала?

Su muñeca.

Свою куклу.

¿No tienen que ir a dormir los niños?
El gato se sorprende mucho.

Не порá ли детям в постель?
Очень удивилась кошка.

¿Quién viene ahora?

А кто это идёт?

¡La mamá y el papá de Tim!
Ellos no pueden dormir sin su Tim.

Мама и папа Тима!
Без Тима они не могут уснуть.

¡Y ahí vienen aún más! El papá de Marie.
El abuelo de Tobi. Y la mamá de Nala.

Вот ещё подходят! Папа Марии.
Дедушка Тоби. И мама Налы.

¡Ahora rápido a la cama!

А сейчас быстро в постель!

¡Buenas noches Tim!
Mañana ya no tendremos que buscar más.

Спокойной ночи, Тим!
Утром нам не надо ничего искать.

¡Que duermas bien, pequeño lobo!

Приятных снов, маленький волчонок!

Cornelia Haas • Ulrich Renz

Mi sueño más bonito

Мой самый прекрасный сон

Traducción:

Raquel Catala (español)

Oleg Deev, Valeria Baden (ruso)

Audiolibro y vídeo:

www.sefa-bilingual.com/bonus

Acceso gratuito con la contraseña:

español: **BDES1428**

ruso: **BDRU2730**

Mi sueño más bonito
Мой самый прекрасный сон

Cornelia Haas · Ulrich Renz

español — bilingüe — ruso

Lulu no puede dormir. Todos los demás ya están soñando – el tiburón, el elefante, el ratoncito, el dragón, el canguro, el caballero, el mono, el piloto. Y el pequeño leoncito. Al osito también se le cierran casi los ojos ...

Oye osito, ¿me llevas contigo a tu sueño?

Лулу не спится. Все остальные уже видят сны – акула, слон, маленькая мышка, дракон, кенгуру, рыцарь, обезьяна, пилот. И львёнок. Даже у медвежонка закрываются глаза ...

Эй, Мишка, возьмёшь меня в свой сон?

Y así está Lulu en el país de los sueños de los osos. El osito está pescando en el lago de Tagayumi. Y Lulu se pregunta, ¿quién vivirá arriba en los árboles?

Al terminar el sueño, Lulu quiere descubrir aún más cosas. ¡Ven conmigo, vamos a visitar al tiburón! ¿Qué estará soñando?

И вот Лулу в стране сновидений медведя. Мишка ловит рыбу в озере Тагаюми. И Лулу спрашивает себя, кто бы мог жить сверху на деревьях?

Сон закончился, но Лулу хочет больше приключений. Давай навестим акулу! Что ей снится?

El tiburón está jugando a perseguir a los peces. ¡Por fin tiene amigos! Nadie tiene miedo de sus dientes puntiagudos.

Al terminar el sueño, Lulu quiere descubrir aún más cosas. ¡Venid con nosotros, vamos a visitar al elefante! ¿Qué estará soñando?

Акула играет в салки с рыбами. Наконец-то у неё есть друзья! Никто не боится её острых зубов.

Сон закончился, но Лулу хочет больше приключений. Давай навестим слона! Что ему снится?

El elefante es tan ligero como una pluma y ¡puede volar! Está a punto de aterrizar en la pradera celestial.

Al terminar el sueño, Lulu quiere descubrir aún más cosas. ¡Venid con nosotros, vamos a visitar al ratoncito! ¿Qué estará soñando?

Слон – лёгкий, как пёрышко, и может летать! Вот он приземляется на небесную лужайку.

Сон закончился, но Лулу хочет больше приключений. Давай навестим маленькую мышку! Что ей снится?

El ratoncito está mirando la feria. Lo que más le gusta es la montaña rusa. Al terminar el sueño, Lulu quiere descubrir aún más cosas. ¡Venid con nosotros, vamos a visitar al dragón! ¿Qué estará soñando?

Маленькая мышка наблюдает за ярмаркой. Больше всего ей нравятся американские горки.

Сон закончился, но Лулу хочет больше приключений. Давай навестим дракона! Что ему снится?

El dragón tiene sed de tanto escupir fuego. Le gustaría beberse todo el lago de limonada.

Al terminar el sueño, Lulu quiere descubrir aún más cosas. ¡Venid con nosotros, vamos a visitar al canguro! ¿Qué estará soñando?

Дракон долго плевался огнём, и теперь очень хочет пить. Он готов выпить целое озеро лимонада.

Сон закончился, но Лулу хочет больше приключений. Давай навестим кенгуру! Что ему снится?

El canguro salta por la fábrica de dulces y llena toda su bolsa. ¡Más de los caramelos azules! ¡Y más piruletas! ¡Y chocolate!

Al terminar el sueño, Lulu quiere descubrir aún más cosas. ¡Venid con nosotros, vamos a visitar al caballero! ¿Qué estará soñando?

Кенгуру прыгает по кондитерской фабрике и набивает себе полную сумку. Ещё больше синих сладостей! И ещё леденцов! И шоколада! Сон закончился, но Лулу хочет больше приключений. Давай навестим рыцаря! Что ему снится?

El caballero está teniendo una pelea de pasteles con la princesa de sus sueños. ¡Oh, no! ¡El pastel de crema ha ido en la dirección equivocada! Al terminar el sueño, Lulu quiere descubrir aún más cosas. ¡Venid con nosotros, vamos a visitar al mono! ¿Qué estará soñando?

Рыцарь устраивает метание торта друг в друга с принцессой своей мечты. Ой! Сливочный торт пролетает мимо!

Сон закончился, но Лулу хочет больше приключений. Давай навестим обезьяну! Что ей снится?

¡Por fin ha nevado en el país de los monos! Toda la banda de monos se ha vuelto loca y está haciendo tonterías.

Al terminar el sueño, Lulu quiere descubrir aún más cosas. ¡Venid con nosotros, vamos a visitar al piloto! ¿En qué sueño habrá aterrizado?

Наконец-то в стране обезьян пошёл снег! Вся обезьянья орава была вне себя и устроила балаган.

Сон закончился, но Лулу хочет больше приключений. Давай навестим пилота! В каком сне он находится?

El piloto vuela y vuela. Hasta el fin del mundo y aún más allá, hasta las estrellas. Esto no lo ha conseguido ningún otro piloto.

Al terminar el sueño, están ya todos muy cansados y no desean descubrir mucho más. Pero aún quieren visitar al pequeño leoncito. ¿Qué estará soñando?

Пилот летит и летит. До края земли и ещё дальше к звёздам. Это не удавалось ни одному другому пилоту.

Когда сон закончился, все уже очень устали и больше не хотят ничего.

Но львёнка захотели они всё же навестить. Что ему снится?

El pequeño leoncito tiene nostalgia y quiere volver a su cálida y acogedora cama.
Y los demás también.

Y ahí empieza ...

Львёнок тоскует по дому и хочет обратно в свою тёплую и уютную постель.
И остальные тоже.

И тогда начинается ...

... el sueño más bonito
de Lulu.

... самый прекрасный сон
Лулу.

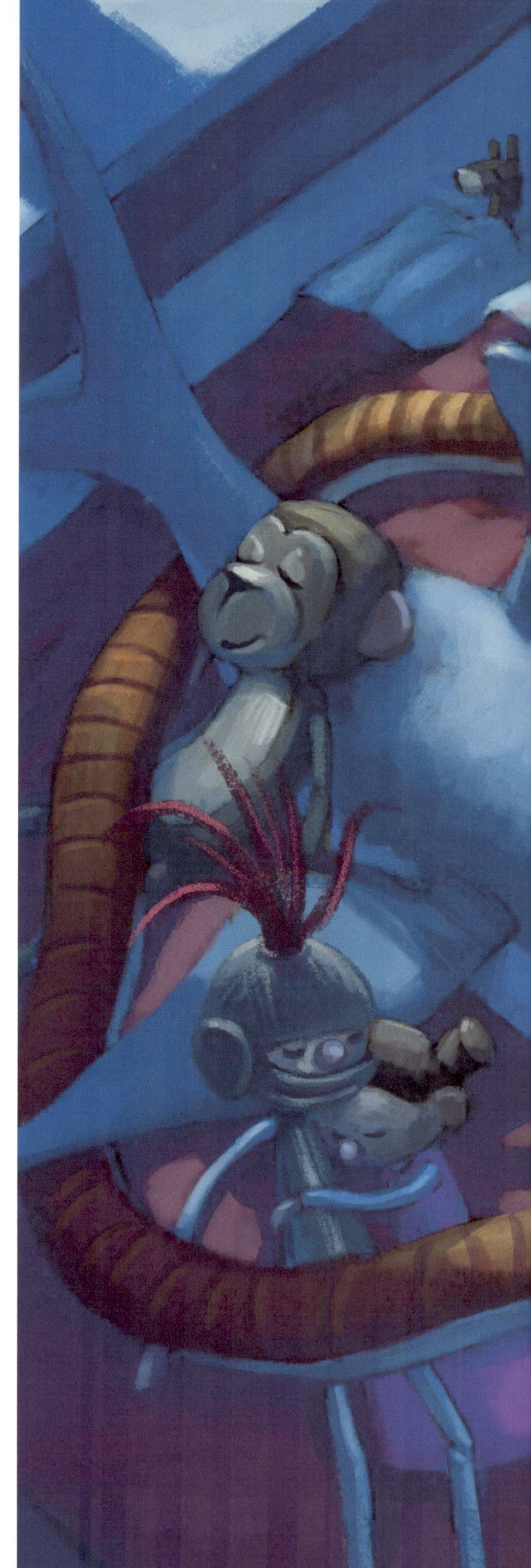

Ulrich Renz • Marc Robitzky

Los cisnes salvajes

Дикие лебеди

Traducción:

Marcos Canedo, Anouk Bödeker (español)

Oleg Deev (ruso)

Audiolibro y vídeo:

www.sefa-bilingual.com/bonus

Acceso gratuito con la contraseña:

español: `WSES1428`

ruso: `WSRU2730`

Ulrich Renz · Marc Robitzky

Los cisnes salvajes
Дикие лебеди

Basado en un cuento de hadas de
Hans Christian Andersen

español — bilingüe — ruso

Había una vez doce hijos de un rey – once hermanos y una hermana mayor, Elisa. Ellos vivían felices en un castillo hermoso.

Жили-были двенадцать детей короля: одиннадцать братьев и старшая сестра, Элиза. Они жили счастливо в прекрасном замке.

Un día murió la madre y algún tiempo después, el rey se volvió a casar. Pero la nueva esposa era una bruja malvada. Convirtió a los once príncipes en cisnes y les mandó a un país muy lejano más allá del gran bosque.

Однажды их мать умерла, и через некоторое время король женился снова. Но новая жена была злой ведьмой. Она заколдовала одиннадцать принцев в лебедей и отправила их в далекую страну, за широкие леса.

A la niña la vistió con harapos y le puso una crema fea en la cara, de manera que ni su propio padre la reconoció y la echó del castillo. Elisa corrió al bosque oscuro.

А Элизу она одела в лохмотья и втёрла ей в лицо отвратительную мазь, так что даже собственный отец не узнал её и прогнал из замка. Элиза ушла в тёмный лес.

Ahora estaba más sola que nunca y añoró con toda el alma a sus hermanitos desaparecidos. Cuando anocheció, se hizo una cama de musgo bajo los árboles.

Теперь она была совсем одинока, и всей душой тосковала по пропавшим братьям. Когда пришёл вечер, она приготовила себе постель из мха под деревьями.

A la mañana siguiente siguiente llegó a un lago de aguas tranquilas y se asustó cuando vió su imagen reflejada en el agua. Pero después de haberse lavado, fue la princesa más linda bajo el sol.

На следующее утро она подошла к тихому озеру. Увидев своё отражение, она ужаснулась. Но когда она искупалась, стала самой красивой принцессой на свете.

Después de muchos días, Elisa llegó al gran mar. En las olas, once plumas de cisne se mecían.

Через много дней она пришла к большому морю. На волнах качались одиннадцать лебединых перьев.

Cuando se puso el sol, hubo un murmullo en el aire y once cisnes salvajes aterrizaron sobre el agua. Elisa reconoció inmediatamente a sus hermanos embrujados. Pero como hablaban el idioma de cisnes, ella no les podía entender.

Когда солнце садилось, в воздухе поднялся шум, и одиннадцать диких лебедей сели на воду. Элиза сразу узнала своих заколдованных братьев. Но так как они говорили на лебедином языке, Элиза не могла понять их.

De día los cisnes salían volando, de noche los hermanos y la hermana se acurrucaban los unos con los otros en una cueva.

Una noche, Elisa tuvo un sueño extraño: Su madre le dijo cómo podría liberar a sus hermanos. Tendría que tejer una camiseta de ortiga, una mala hierba con hojas punzantes, para cada uno de los cisnes y vestirles con ella. Pero hasta entonces no podría decir ni una palabra, de lo contrario sus hermanos morirían.
Elisa empezó de inmediato con su trabajo. Aunque sus manos le ardían como fuego, seguía tejiendo incansablemente.

Днём лебеди улетали, а ночевали вместе с Элизой в пещере, прильнув друг к другу.

Однажды ночью Элиза увидела удивительный сон: их мать рассказала ей, как она может спасти братьев. Она должна для каждого лебедя связать рубашку из крапивы и накинуть её на него. Но до того она должна не говорить ни слова, иначе её братья умрут.
Элиза тут же принялась за работу. Хотя её руки горели, как обожженные, она вязала без устали.

Un día sonaron cornetas de caza a lo lejos. Un príncipe llegó con su séquito y de pronto estuvo frente a ella. Cuando los dos se miraron a los ojos, se enamoraron.

Однажды вдали послышались звуки охотничьих рогов. Подскакали принц со свитой и остановились перед ней. Когда принц и Эльза посмотрели в глаза друг другу, то сразу влюбились.

El príncipe levantó a Elisa en su caballo y cabalgó con ella hasta su castillo.

Принц поднял Элизу на своего коня и поскакал с ней в замок.

El poderoso tesorero estaba de todo menos contento con la llegada de la bella princesa silenciosa. Pues su propia hija debía ser la novia del príncipe.

Могущественный казначей был совсем не обрадован появлением немой красавицы. Невестой принца должна была стать его собственная дочь.

Elisa no había olvidado a sus hermanitos. Cada noche seguía trabajando en las camisetas. Una noche se fue al cementerio para buscar ortigas frescas. En esto, el tesorero le observó en secreto.

Элиза не забыла своих братьев. Каждый вечер она работала над рубашками. Однажды ночью она пошла на кладбище набрать крапивы. Казначей тайно наблюдал за ней.

Tan pronto como el príncipe fue de cacería, el tesorero hizo meter en el calabozo a Elisa. Afirmó que era una bruja que se reunía con otras brujas por las noches.

Пока принц был на охоте, казначей бросил Элизу в темницу. Он заявил, что она ведьма, которая ночами встречается с другими ведьмами.

En la madrugada, Elisa fue recogida por los guardias. Debía ser quemada en la plaza principal.

На рассвете стража схватила Элизу. Её должны были сжечь на рыночной площади.

En cuanto llegó ahí, once cisnes blancos se acercaron volando. Rápidamente Elisa les lanzó las camisetas vistiendolos. De pronto todos sus hermanos se encontraban frente a ella en su forma humana. Solo el menor, cuya camiseta no estaba del todo terminada, se quedó con una ala en lugar de un brazo.

Едва она там оказалась, как вдруг прилетели одиннадцать белых лебедей. Элиза быстро набросила на каждого рубашку из крапивы, и все её братья предстали в человеческом обличье. Только у младшего, чья рубашка была не до конца готова, вместо одной руки было крыло.

Las caricias y besos todavía no habían acabado cuando el príncipe regresó. Por fin Elisa le pudo explicar todo. El príncipe hizo meter en el calabozo al malvado tesorero. Y luego, se celebró la boda por siete días.

Y vivieron felices y comieron perdices.

Братья и сестра ещё обнимались и целовались, когда вернулся принц. Наконец Элиза смогла всё объяснить. Принц бросил злого казначея в темницу. И потом семь дней праздновали свадьбу.

И жили они долго и счастливо.

Hans Christian Andersen

Hans Christian Andersen nació en 1805 en la ciudad danesa Odense y murió en 1875 en Kopenhagen. Con sus cuentos de hadas como «La pequeña sirena», «El traje nuevo del emperador» o «El patito feo» obtuvo fama mundial. El cuento «Los cisnes salvajes» fue publicado por primera vez en 1838. Desde entonces, fue traducido a más de 100 idiomas y adaptado en muchas versiones, como ser teatro, películas y musicales.

Barbara Brinkmann nació en 1969 en Munich (Alemania) y creció en los Prealpes Bavareses. Estudió arquitectura en Munich y actualmente es investigadora asociada en la Facultad de Arquitectura de la Universidad Técnica de Munich. Además, trabaja como diseñadora gráfica, ilustradora y autora independiente.

Cornelia Haas nació en 1972 cerca de Augsburg, Alemania. Después de su formación como fabricante de cárteles publicitarios, estudió diseño en la escuela técnica superior en Münster y allí se graduó como diseñadora. Desde 2001 ha ilustrado libros infantiles y juveniles, desde 2013 enseña como profesora de pintura acrílica y digital en la escuela técnica superior de Münster.

Marc Robitzky, nacido en el año 1973, estudió en la Escuela Técnica Superior de Bellas Artes en Hamburgo y en la Academia de Artes Visuales en Frankfurt. Trabaja como ilustrador de profesión libre y diseñador de comunicación en Aschaffenburg, Alemania.

Ulrich Renz nació en 1960 en Stuttgart (Alemania). Después de estudiar literatura francesa en París, se graduó en la facultad de medicina de Lübeck y trabajó como director de una editorial científica. Hoy en día trabaja como publicista autónomo y, además de escribir libros de divulgación científica, escribe cuentos y libros infantiles.

¿Te gusta pintar?

Aquí encontrarás las ilustraciones de la historia para colorear:

www.sefa-bilingual.com/coloring

www.ingramcontent.com/pod-product-compliance
Lightning Source LLC
LaVergne TN
LVHW070441080526
838202LV00035B/2695